Autor

Julius Vivian Otte, geb. 1994 in Mölln/Lauenb.

Aufgewachsen in Breitenfelde als viertes von sechs Kindern

2015 Abitur am BBZ Mölln

Anschließend Wanderung durch Lüneburger Heide, Schwäbisc Alp, Österreich und Norditalien

z.Zt Ausbildung zum Ergotherapeuten

Julius Otte zeigte früh Interesse an der Literatur des späten 18. Und 19.Jahrhunderts (Romantik)

Erste Gedichte entstanden 2012

Gelebt, geträumt, vergessen

vergessen

Über den Schmerz des Erwachens

Julius Otte

Bibliografische Information der Deutschen
Nationalbibliothek: Die Deutsche Nationalbibliothek
verzeichnet diese Publikation in der Deutschen
Nationalbibliografie; detaillierte bibliografische Daten
sind im Internet über http://dnb.dnb.de abrufbar.

ISBN: 978-3-7448-7164-8

Never stop dreaming.

-Mario Messina

Inhaltsverzeichnis

Abbildungsverzeichnis

Gelebt

Streben

Tag für Tag vergeht
Und ich sehne mich noch nicht.
Das Leben wird im Wind verweht
Und ich weiß nicht, was mich noch trägt.

Ob es nun die Hoffnung ist,
Dass es wirklich was zu suchen gibt
Oder die Erkenntnis, dass da nichts ist,
Also alles vergebens ist,
also: Warum nicht?

Immerhin, es trug mich weit.
Brachte mir die Fernen nah,
Machte mir die Nähen fern,
Gar schicksalhaft von Zeit zu Zeit.

Und dann und wann auf grüner Wiese,
Beim Liegen in der Sonne schien es,
Als braucht es weder Sinn noch Streben.
Wenn nicht da, wo sonst: Bin ich am Leben?

Wörter

Wörter, Wörter, Wörter,
Sie geben uns Bedeutung.
Sätze geben jener eine Richtung.
Texte geben jener eine Kraft.

Führung

Es trägt mich so dahin.
Dahin, wo ich sein muss.
Die Schritte tue ich,
doch die Richtung kenn ich nicht.

Sprichwort

Ich bin dein Sohn
Und doch nicht dein
Du bist mein Vater
Aber doch nicht mein

Dieser Baum gehört sich selbst
Und so der Apfel
Wohin er auch fällt

Jedes Mal

Es ging zu schnell
Um zu sortieren
Ich hing noch fest
Und musste trotzdem weiter

Gegen viele Widerstände
So vieles wollt mich halten
Kleine Fäden spannten sich
In jeder Tür

Beim Gehen musste ich so oft
Die schönsten Netze zerstören

Der Fluss

Ich suchte nicht, ließ mich nur treiben
Wurde immer wieder angeschwemmt
Stieß mich bald wieder vom Ufer ab
Manchmal aber legte ich tatsächlich an

Hier und da musst ich was reparieren
Oder selbst etwas auskurieren
Vielleicht das Floss am Ufer
In mildere Gewässer tragen

Hinauszögern mich wieder
Ins kalte Wasser zu wagen

So verging dann auch viel Zeit
Doch immer wieder kam der Reiz
So fest dann auch die Bindung war
Ich musste weiter, kein Knoten ist unlösbar

Es war zwar oft mit Schmerz verbunden
Doch das heißt doch, dass es gut war
Angelegt sein geht auch nur
Hat man vorher abgelegt

Unwirklich

So stand ich da
Sah die Sonne untergehen
In Regen und Wind
Unwirtlich, und doch bewegend

Trotz der Kälte, Herz erwärmend
In den Armen des Lebens
Sich selbst begegnend
Die Welt erleben

Das Vermissen

Gab es etwas, das schwer
in meinem Herzen lag?
Das Vermissen, ja.
Gewissheit von Sicherheit
Zu wissen, was passiert

Doch schnell stellte sich heraus
Das ist bloß Gewohnheit
Und auch an Ungewissheit
Lässt es sich gewöhnen

So war ich bald frei davon
Und lief jeden Morgen
Gewiss ins Ungewisse, ohne Sorgen
Mit dem Vertrauen: Ich schaff das schon

Tragen

Gesammelt und gesammelt habe ich
Doch ohne mehr zu tragen
Ich nahm vieles, vieles mit
Doch lud ich mir nichts auf

Im Gegenteil, je mehr ich fand
Desto leichter war der Weg
Je mehr ich aufnahm
Desto mehr wurde ich getragen

Ende gut

Außerdem merk ich bald
Ob auf dem Berg oder im Wald
Bei Sonne oder Dunkelheit
Es gibt weder Furcht noch Hoffnungslosigkeit

Es gibt immer einen Weg
Im Fackelschein oder Tageslicht
Verloren bin ich nie
Höchstens kenne ich den Weg noch nicht

So komm ich immer an
Gesund und meistens munter
Niemals fällt mir dann das Lächeln schwer
Und einmal in Geborgenheit

Erst dann offenbart sich die Müdigkeit
So falle ich jeden Tag
Aus der langen Wanderschaft
In ebenso langen, erholsamen Schlaf

Herzschlag

Mein Herz klopft und klopft und klopft
Und hört niemals auf.

Mein Herz klopft und klopft und klopft
Und es klopft immer weiter

Mein Herz klopft und klopft und klopft
Es schlägt, und schlägt nur mich

Es tut, was es will,
Und damit immer, was richtig ist

Deine Welt

Wenn die Welt, deine Welt
Sich auf einen kleinen Teil beschränkt
Den Teil, in dem du dich befindest
Und deine Gedanken auch nur dort sind

Ohne die Belastung durch das Unheil
Welches oft die Welt erfüllt
Und auch nichts davon versteckt
Deinen weiten Horizont erfüllt

Dann ist das eine Freiheit
Die so kaum zu messen ist
Eine Freiheit, die so jene übertrifft
Dass unsere Welt fast grenzenlos ist

Hier

Hier soll ich nun sein
Endlich sein, wer ich bin
Von dem Moment, ab dem ich fragte
Durchzog sie mein Leben diese Frage

Wenig war nicht nur getan
Der Antwort ich dennoch nicht näher kam
Um mich der Suche zu stellen
Der Suche nach meinen innersten Quellen

Lange, übersah ich sie
Und nichts ging voran
Weil ich spät erkannte
Sie waren versiegt

Darüber weinte ich
Ich weinte ohne Trauer
Die Tränen waren Vorboten
Von großer, vergessener Kraft

Und so konnte ich endlich
Die erste Quelle
Von allem befreien
Was sie ließ versiegen, für so lange Zeit

Wege

Was bedeutet es, wenn sich Wege kreuzen
Heißt das, sich nie mehr zu vergessen?
Zumindest kannst du die Momente finden
An denen dein Leben
eine andere Richtung nahm

Ferne

Die Ferne, ja die Ferne
Was liegt denn da so Schönes
Es zieht mich an
Ich will es haben

Doch weiß nicht mal
Was es ist
Drum geh ich los
Wandre hin

Und gerade angekommen
Ist die Ferne schon
Zum Hier geworden

Manchmal

Manchmal da hilft es nicht zu suchen
Denn es gibt nicht immer etwas zu finden
Hin und wieder reicht es einfach da zu sein
Da zu sein, weil du's bist, nicht um zu gefallen

Sich mal nicht sehnen nach fernen Dingen
Nur zufrieden sein mit dem, was dich umgibt
Und Gedanken Gedanken sein lassen
Denn sie sind das, was dich sonst bedrückt

Oktober

Am Tage ist's noch warm und hell
Nachts wird es kühl
Leichte Sommernieselregen
Der Wind fängt an zu wehen

Apfelbäume noch reich bedeckt
Die Blätter verlieren ihre Farbe
Noch glänzt die Sonne auf den Straßen
Während herbstlich Duft
mich langsam weckt

Wenn dann orange, gelb,
rötlich braune Farben
Wie sonst nur beim Sonnuntergang
Von jedem Baum getragen
Füllt sich mein Herz mit vergangenen Tagen

Lächeln

Es beruhigt mich
Wenn du weinst
Es sagt mir,
Dass du fühlst

Aber nichts übertrifft
Das, was mir nicht nur zeigt,
Dass du fühlst
Sondern lebst und liebst:

Dein Lächeln

Oktober 2

Ich spüre die Lebensgeister
Sich in mir entfachen
Der Herbst als Lebensart
Der Wind, das Wetter und die Farben

Das Vergehen
Noch schöner gar
Als das Aufkeimen
Im Frühling war

Im Ende noch einmal
In unendlich schöner Pracht
Dann vergilbt und fällt
Doch noch jedes Blatt

Das Fallen aber auch nur
Als Vorbote neuen Kommens
Und im Ende zu finden
Den nächsten Anfang jedes Jahr

So fällt und wächst
Blatt um Blatt
Die eine Frucht aus dem letzten Jahr
Macht nächstes Hundert satt

Der Herbst als Ende vor dem Ende
Vor dem Anfang des nächsten Endes
Die Welt der Pflanzen fällt
Nur um wieder aufzustehen

Oktober 3

Die Blätter jetzt im Sonnenlicht
Schon golden glänzend
Wie schön werden sie erst sein
Mit rot-orangen Kränzen

Wenn nicht mehr Früchte
Die Äste lassen hängen
Sondern von Stamm zu Ast
Von Ast zu Zweig
die Blätter in der Sonne Tänzeln

Der Blick in die Ferne
Nicht mehr neblig grün
Sondern orange und gelb
Und von Röte glühn

Die Augen einfangen
Nie mehr wiedersehn
Und eins zum andern
Zur Erde gehn

Geträumt

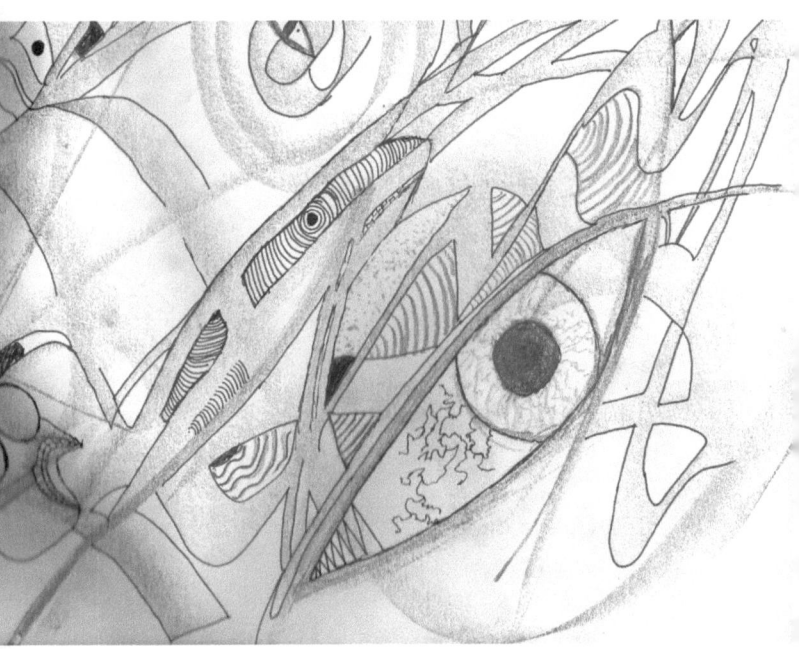

Die graue Heide

Die graue Heide
Mit verdorrten Bäumen
Blattlose Äste
Den Nebel greifen

Während die grauen Wolken
Regen geben
Wünsch' ich mir
Dorthin zu gehen

Um dort zu sein
Und dem toten Ort
Das zu geben, was ihm fehlt
Mit mir, das Leben

Jemand andres
Wird dies sehn' und sagen
Schau mal:
Da steht einer im Regen

Sacht

Spät in der Nacht, wenn sich nichts mehr regt
Drinnen aber, die meisten sind wach
Sich in Gedanken um so mehr bewegt
Braucht niemand den nächsten Tag

Ruhig

An so einem
Regen beschwerten Tag
Die Luft trüb
Und nichts wird gesagt

Laub

Grüne Bäume nach der Abendsonne
Wirken fast so dunkel wie die Nacht selbst
Und das Leben, das in ihnen steckt
Wird vom Schatten der Nacht verdeckt

Mit dem Anbruch des Tages,
die Sonne geht auf
Wird das Leben erst wieder lebendig
So nimmt alles seinen Lauf
Langsam, zuverlässig und auch beständig

Momente

Momente, die uns folgen
Bilder, die immer wiederkommen
Herzklopfen, Sehnsucht
Oder Glück bereiten

Manchmal in dunklen Zeiten
einen Handreich bietend
Blitzen sie auf
Und helfen aus reißenden Strömen

Eine gute Erinnerung
Kann Antrieb sein
Nach dem andere
Ein Leben lang suchen

Hin und her

Hin und her geht es
Jeden Tag deines Lebens
Treiben lassen
Oder selber steuern

Das liegt bei dir
Was du lebst
Wofür du lebst
Leben in jedem Fall

Trist

Das feine Gefühl
Für die Natur verloren
Dein Lebensziel
Fremdbestimmt

Die Zeit nur erleben
Als Treiben im Strom
Angst, dass dem Leben
Kein Sinn innewohnt

Trotzdem der Drang
Sich zu beweisen
Zu zeigen,
Dass man passt

Immer noch

Der Weg ist noch so weit
Und verlaufen nicht schwer
So gibt es nichts
Ohne großen Wert

Denn alles, was ist
Kann mir zeigen, wo lang
Und helfen, zu meistern
Den ewigen Kampf

Wenn doch nur der Wille wäre
Auch das Meistern zu vermögen
Wäre ich nicht getrieben,
Sondern würde wollen

Das eigene Schicksal
selbst zu setzen
Ist der Sinn, den ich mir gebe
Der einzige, den ich sehe

So endet Tag um Tag
Mit dem Streben um die Seele
Und das Leben
Alles darin sagt, lebe!

Licht

Das Licht fällt ein
Der Nebel sinkt
Die Luft strömt
Nimmt mit, was stört

Bewegung beginnt
Dumpfheit verschwimmt
Atmen fällt wieder leicht

Der Blick geweitet
Sieht, was ist
Nicht mehr getrübt
Vom Staub

Die Panik beginnt
Erkenntnis strömt
Schafft sich ihre Bahn

Hört nicht auf
Bis zum tiefen Kern
Entblößt wunden
Macht verwundbar

Aber pflanzt auch
Einen Keim
Wenn dieser erwächst,
Wird alles im neuen Lichte strahlen

Nicht viel

Es gibt nicht viel, was ich dir geben kann
Du hast alles, was man braucht
Für mich gibt es nichts,
was du mir geben kannst
Außer dem Gefühl, ich werd gebraucht

Ohne mich

Der Tag bricht an
Die Sonne lacht
Nicht mehr für mich
Sie spielt mir vor

Die Erde dreht sich
Nicht um mich
Die Rollen sind
Verkehrt

Die Nacht hat sich
Sie braucht mich nicht
Für mich hat sie
Kein Licht

Kratzer

Mit allem, was du tust
Hinterlässt du etwas
Hinterlässt Spuren an jedem
An jedem, dem du begegnest

Egal, was passiert
Egal, wie die Zukunft sein wird
Du spielst deine Rolle
Deine Rolle im Leben anderer

Selbst, wenn es nicht dein Wille ist
Sobald du in die Welt eines andren trittst
Bist du präsent, bist davon ein Stück
Und es gibt keinen Weg zurück

Damit kommt Verantwortung
Oder willst du nur Narben hinterlassen?

Wir

Wir wissen nicht wer
Noch woher wir sind
Wissen gar nichts vom Leben
Suchen selbst den Sinn

Rennen Tag ein, Tag aus
Haben keine Zeit
Die Arbeit ruft
Morgen bin ich frei

Wir rennen vor uns selbst
Um uns nicht einzugestehen

Wir haben keinen Zweck
Wir würden niemandem fehlen

Wir haben Angst für unser Dasein
Verantwortung zu übernehmen
Deshalb zwingen wir uns gegenseitig
Die selben Wege zu gehen

Für dich

Einmal wieder aufgestanden
Gibt es erstmal kein Zurück mehr
In dem Moment kann dich keiner halten
Es geht nur noch aufwärts

Aber zu schnell, zu weit
Und der Halt ist verloren
Daneben gegriffen
Nun kannst du nur noch fallen

Hoffen, du landest weich
Und ja! Jemand bremst den Sturz
Da unten ganz am Ende
Da steht jemand

Er ruft dir zu
Fall so, lande so!
Versuch es hiermit!
Das hat schon mal funktioniert!

Schonmal funktioniert?
Heißt es etwa....?
Ja, du hast es
Da unten, das bist du

Und je öfter du fällst
Desto eher hörst du zu
Je tiefer du fällst
Desto mehr wirst du du

Am Ende bist du es
Der dich fängt
Niemand anders kann dort stehen
An deinem tiefsten Grund

Und da unten wartest du
Nun aber wartest du
Auf deinen nächsten Sturz
Und hoffst auf einen langen Flug

Das Vergessen

Jeden Tag neue Gedanken
Jeden Tag etwas anderes
Du bist die Vergangenheit
Und schaffst Zukunft

Die Gegenwart ist die Sortiermaschine
Die es möglich macht
Dass du jetzt noch etwas
Von früher hast

Erinnerung der Vergangenheit
Gedanken der Gegenwart
Vorstellung der Zukunft
Daraus besteht die Welt
Nur das Ende fehlt

Vergessen ist die Zeit nach dir
Wo keiner mehr nach dir fragt
Wo alles, was du heute schaffst
Keine Relevanz mehr hat

Erinnern, Denken, Vorstellen, Vergessen
Die Traurigkeit des Lebens
Egal, wie viel du erinnerst
Mehr als das hast du gedacht

Das meiste war nur vorgestellt
Doch nichts zählt, was du vergessen hast

Natürlichkeit

Die wahre Schönheit der Natur
Lässt sich nicht in Bilder fangen
Willst du nicht, dass sie vergeht
Schau hin und genieße den Blick

Lass dich inspirieren
Von dem, was du siehst
Schreibe oder male
Was in dir entsteht

Denn das ist
Worauf es dabei ankommt
Zu fühlen was geschieht
Wenn du der Natur nahe kommst

Die Göttlichkeit in dem erkennen
Was du dort siehst
Die Menschlichkeit damit vereinen
Und zu jemandem werden
Der über das Unglück siegt

Mutter Natur

Oh Mutter Natur
Wir, deine Kinder
Dir so langwierig und
Mit viel Müh entsprungen

Wünschten nun,
Dass wir könnten
Zu dir
Zurück

Schau!
Wir fliegen nun
Sind schneller
Als jedes Tier

Und empfinden dabei
Doch kein Glück
Nichtmal unser langes Leben
Gibt uns den Frieden zurück

Leben nicht mehr
Nur an Land
Eis und Weltmeer
Unser genannt

Essen nicht mehr
Um zu leben
Leben eher
Um zu essen

Haben keinen
Todfeind mehr
Jetzt also gegenseitig
Nehmen wir uns das Glück

Wünschten nun,
Dass wir könnten
Zu dir
Zurück

Schwer ist es
Zu finden
Einen Weg
Der uns näher bringt

Lediglich
Eine Ahnung
Dass dort in der Ferne
Etwas wartet

Aber ewig enttäuscht
Niemals angekommen
Nur mit der Suche
Alle Lebenszeit verronnen

Am Ende meines Lebens
Hier bin ich nun
Deinen Handreich
Angenommen

Und komme
Zu dir
Zurück

Bäume

Wenn es windig wird
Fangen Bäume an, zu sprechen
Sie kichern, raunen
Und flüstern miteinander

Sie mögen den Wind
Spielen gern mit ihm
Wenn dann aber der Regen kommt
Ruhen sie, stehen da und schweigen

Ohne

Ein bedeutungsloser Stein
Aufgehoben, weggetragen
Bewegt von einem Ort zum andern

Wir Menschen verändern die Welt
Manchmal ohne was zu ändern

Sehnsucht

Das Menschenkind
Die Sehnsucht
Lässt sich niemals fangen
Entweder gehst du oder sie
Sonst wirst du ewig wandeln

Sichtweise

Bäume und Sträucher, grün
Auch im Winter blühn
Doch nur für das Aug zu sehn
Welches kann die Welt verstehn

Die Sonne, auch im Winter
Herzerwärmend
Aber eben nur denen
Die in allem Gutes sehen

Neu

Mensch sein, ist die Suche nach dem Sinn
Heißt es. Doch ist der Sinn das Ich
Das Leben ist Arbeit an Bedeutung heißt es
Doch ist es Schaffen für den Beweis fürs Sein

Der Weg ist das Ziel
Heißt es fälschlicherweise
Sich selbst zu suchen, ist das, was schafft
Zu schaffen, um sich zu finden, ist das Ziel
Zu wissen, wer man ist, um sich das
Zum Schild zu machen

Endlich

Nichts ist von Dauer
Augenblicke bleiben
Bruchstückhaft zurück

Und es beginnt immer von neuem
Bis das Leben endet

Und enden muss es
Jedes Einzelne für sich
Auch wenn das Leben an sich
Unendlich ist

Wie kann es aber sein
Dass etwas unendliches
In sich, stückhaft
Endlich ist

Jemand

Jeder Name zeigt sich
Offen für jeden zu sehn
Entdeckt werden muss er trotzdem
Runen, die nur der Besitzer versteht
Der wirkliche Name
Ist nichts, was man schreiben kann
So ist er mehr, als man erahnen kann

Nicht im Jetzt

In andere Welten versetzen
Und vergessen
Wo sie sich trennten
Bis das, was war das Jetzt ist
Und was ist, niemals sein wird

Das ist leben in der Vergangenheit

Und wenn das, was ist
Niemals das richtige ist
Du mit dem Denken
An das, was sein soll

Den Sinn für das, was ist
Vergisst,
Verlierst du dich selbst
Findest dich nicht wieder

Wenn du in der Zukunft lebst

Lieben

Der Mensch liebt.
Er weiß, was das bedeutet
Was er fühlt.
Er weiß, wie er anderen
Eben dieses Gefühl gibt.
Er kann entscheiden,
Ist nicht gebunden,
An Instinkte und Intuition.

Er weiß, wen er liebt,
Er weiß wofür er liebt.
Nur ist ihm das nicht immer
Vollkommen bewusst

Abkürzen

Wir sind draußen
Atmen und gehen
Wir leben
Lass uns abkürzen

Nun kürzen wir ab
Gehen schneller
Sehen mehr, aber
Vieles schlechter

Eben noch Freiheit
Ohne Verkehrslärm
Plötzlich Rasen
Und die momentane Freiheit
Abhaken

Durch den Wald hetzen
Vor der Stille flüchtend
Eine Abkürzung nehmen
Obwohl wir gar kein Ziel haben

Zu wenig

Nicht stark genug
Um überhaupt den Weg zu schaffen
Oder zu groß
Ist der Widerstand,
Gegen das Teilen von Gedanken

Die Gedanken sind frei,
Innerhalb ihrer Grenzen

Vergessen

Nostalgie

Die Vergangenheit macht mich aus
Nostalgie treibt mich voran
Jedes alte Bild von mir, egal von wann
Ich bin was ich kann, doch was lerne ich draus?

So weit

Der Weg ist lang
Es gibt kein Ziel
Ich treibe im Fluss
Und weiß nicht viel

Das Leben besteht
Aus Hoffen und Wünschen
Zu manches ist es gut
Für andere hat es Tücken

Trost

Ein kleiner Trost kann es noch sein
Der Wunsch frei zu sein
Doch Freiheit ist ein schwerer Begriff
Drum macht Wünschen allein
Ihn nicht zu dem was ist

Das Vergessene

Das Vergessene zu ertragen
Ist schwer an manchen Tagen
Denn je weiter die Idee
Vergessen zurückliegt
Desto spektakulärer wirkt sie

Und was vielleicht
Gerade mal genießbar wär
Wird in Gedanken zu einem
Nie stattgefundnem Feuerwerk

Das bereuen des nicht Umsetzens
Eines Gedankens
Wird mit dem Vergessen dessen
Im Schmerz nicht zu ermessen

So wie jetzt

War es das?
Kann es denn so einfach enden
Mit allem was ich nicht mehr ändern kann
Sodass es bleibt, so wie es ist
So wie es war, immer bleiben wird

Und jetzt bin ich wer ich bin
Unvorbereitet
Ich kann nicht mehr ändern was war
So sehr ich das auch möchte
So sehr ich das auch möchte..

Sodass es jetzt nicht wär wies ist
Vielleicht besser
Oder auch nicht.
Ich muss Begreifen lernen,
Wie viel in meiner Hand liegt

Fast schon

Kalte, sternenklare Nacht
Ich habe Antworten
Doch keiner hat gefragt

Orion in voller Pracht
Was hat mir das viele Denken gebracht
Wenn ich jetzt nur
Antworten ohne Fragen hab'

Es friert schon
Der Winter kommt
Meine Weisheit
Hat niemand angenommen

In weißen Kristallen
Glänzt das Leben
Alle nehmen
Keiner will mehr geben

Der große Winter
Gefühlslose Kälte
Nach der letzten
Revolution

In weiß-grau gebadet
Ruhig monoton
Der Winter der Menschheit
Am Ende sind wir doch noch angekommen

Die Kälte akzeptiert
Der Atem gefriert
Konventionen sind egal
Gesellschaft zählt nicht mehr

Kalte trockene Luft
Schlägt deine Lippen zu Bruch
Mit Blut schreibt
Der Börsengänger in sein Handbuch

So wie der Schnee fällt
Fällt die Moral
Der See friert zu
Hoffnung an seinem Grund

Es wird kalt auf der Welt
Sowohl drinnen in den Köpfen
Als auch draußen
Auf den Straßen

Winterliche Unwirtlichkeit
Die kranke Gesellschaft
Ist leider Wirklichkeit

So lange am Gefrierpunkt
Weder Handschuhe
Noch Liebe
Halten warm

Lebensleere Luft
Seelenlose Kälte
Menschlichkeit verpufft
Der Glaube ist am Ende

Die große Kälte
Hat uns verraten
Denn wir haben sie
An unsre Herzen gelassen

Selbstzweifel

So viel schon gewesen
Nichts draus gemacht
Viel zeit ist vergangen
Kaum was geschafft

Zu viel beschwert
Und nichts genossen
Keine Freude gezeigt
Kaum Freundschaft geschlossen

Viel für mich behalten
Zu wenig gesagt
Nie gegen gehalten
Meinen Geist versklavt

Einiges falsch gemacht
Eine Menge verpasst
Zuneigung bekommen
Ihr nichts abgewonnen

Viele Chancen vertan
Oder nicht genutzt
Möglichkeiten vergehen
Ungenutzt

Mehr gelogen und verraten
Als geholfen und getragen
Viele die verstehen wollten
Keiner dem ich erzählen wollte

Distanz

Es gibt Tage,
an denen ich die Hoffnung verliere
An denen ich an der Welt verzweifle
Mich in Depression begebe
Die Welt ausschließe
und meinen Schmerz erlebe

Diese Tage muss es geben
Denn ohne sie wären die
An denen ich voll Euphorie bin
Kaum etwas wert

Nur der große Weg dazwischen
Ist was das Leben ist
Je weiter die Kluft zwischen Hoch und Tief
Desto erfüllender ist das Hoch nach dem Tief

Deprimiert

Dass ich weiß was mich runter zieht
Macht es nicht leichter
Dass ich die Lösung kenne
Macht es nicht erträglich

Das macht es nur noch schlimmer
Denn ich kenne auch die Folgen
Ich sehe was passieren kann
Habe ich einmal angefangen

Nun gibt es nichts gewisses
Außer dem Jetzt
Und im Jetzt bin ich am Ende
Weil mich alles verletzt

Was ich habe will ich nicht
Was ich brauche find ich nicht
Was ich finde bringt mir nichts
Das Leben ist ein großer Witz

Zumindest für mich
Allen anderen scheint's gut zu gehen
Aber das ist nur Show, nur Lüge
Sie verstecken ihre deprimierte Seele

Wären alle ehrlich
Würde ich mir nicht fremd vorkommen
Würde jeder offenherzig leben
Gäbe es keinen Grund für ein schlechtes Leben

Der Anfang

Meine ganzen Gedanken
Mussten einen Anfang haben
Der Ansatz für alles
Muss irgendwo liegen

Alles was ich denke
Hat doch irgendwann
Mit einem ersten Gedanken
Angefangen

Dieser erste Gedanke
Kam nicht von allein
Die Meinungen meiner Eltern
Brannten ihn mir ein

Aber auch bei ihnen
Kommt's von Menschen davor
Der erste ist eine Verbindung
Aus allen davor

Bei jedem
hat es neu angefangen
Nur bei jedem
Mit nem andren Gedankengang

So geht es immer weiter
In der Zeit zurück
Generation für Generation
Ein Gedankenstrick

Er zieht sich
Von früher bis heute
Aber niemals enger
Denn es gibt jeden Tag mehr Worte

Aber irgendwann
Hat es mit **Einem** angefangen
Die Frage ist dann
Was war das für ein Gedankengang

War er wohlwollend und gutartig
Oder böse und verdorben
Warum wurde er gedacht
Und wie lautet der erste Satz

Was wäre wenn es
Ein Schlechter war
Vielleicht war er das sogar
Also was wenn's ein Guter war

War der erste Gedanke
Nun gut oder schlecht
Spielt das keine Rolle
Denn wir kennen ihn nicht

Es ist besser wenn viele Schlechte
Das Gute nicht sehen
Alls wenn die Guten
Das Schlechte übersehen

Passen

Die Leute ändern sich
Sie verbessern und verschlechtern sich
Für den einen geht's bergab
Für den andern bergauf

So geht's oft hin und her
Und niemals wirklich
So wie man's geplant hat
Nie was man erwartet hat

Trotzdem immer wieder planen
Niemals treiben lassen
Und so geht's langsam voran
Aber öfter mal einen Schritt zurück

So passiert am Ende nichts
Und nichts ist wirklich passiert
Alles von früher sind die Träume von Heute
Der Weg zu lang um zurück zu gehen

So ist's für immer vergangen
Und nichts zeigt jetzt noch wo lang
Den Weg selbst finden
Ist der schwerste Kampf

Immer die Möglichkeit für Rollenmodelle
Aber immer mehr wollen als nur einen Weg
Der Versuch Alles zu vereinen
So viele verschiedene Wege

Keiner von denen
Scheint richtig zu passen
Und bei fast jedem
Scheint man was zu verpassen

Aber das ist doch das Ziel
Irgendwo mal richtig passen
Ohne dafür dann
Alles alte zu verpassen

Dein Leben misst sich an den Menschen
Die sich ihrerseits an dir messen
So ist die gute Tat von Gestern
Nicht heute schon vergessen

Fast Schon 2

Es wird kalt auf der Welt
So wie der Schnee fällt
Fällt auch die Moral
Oberflächlich kein Detail

Es friert schon
Der Winter kommt
Seelenlose Kälte, die Herzen eingenomm'

Antworten und Hoffnung
Gefühllos unter Eis begraben
Bis jemand gräbt
Und anfängt zu fragen

Bewegungslos
Die Welt im Stillstand
Alles fällt
Im leisen Klang

Winter der Menschheit
Vor neuem Erwachen
Wenn die Kälte uns erreicht
Werden wir wieder aufblühn?

Der Winter kommt
Eis und Schneewehen
Sternenklare Nacht
Die Kälte wird uns einnehm'

Trostlosigkeit
In kühler Dunkelheit
Nach dem Winter
Eine neue Zeit

Abwesenheit

Es ist nicht da
Ich kann es nicht benennen
Es fehlt
Und das lässt mich weinen

Ob es sich je erkennen lässt
Weiß ich nicht
Dessen Abwesenheit aber
Beschwert mich

Je mehr ich mich abfinde
Damit, dass es nie zurück kommt
Zerfalle ich
Und vergesse was war
Wie es wirklich war

Versuche noch zu fassen
Was blieb
Aber es zerrinnt
Während die Zeit rennt

Aber Hoffnung immer scheint
Immer zu schwinden scheint
Warte ich auf Halt
Der mich fest und nicht aufhält

Und obwohl mein Trübsal
Jedem auffällt
Ist es weiterhin das
Was mich nachts wach hält

Wahres

Die wahrsten Worte
Werden nicht gesprochen
Sie werden angepasst
Verdreht und versteckt

Dann vorsichtig
Hervorgeholt
Die wenigsten
Sehen ihren Kern

Die Wahrheit soll nicht sein

Oberflächlich angekratzt
Jahrzehntelang
Verlieren sie die Hülle

Und jede alte Lüge
Ist heute wahr